Bibliothek für Lebenskünstler

Der Weg zum Erfolg

Ein erschöpfender
Ratgeber
in Wort und Bild
von
Loriot

Diogenes

Die Erstausgabe erschien 1958
im Diogenes Verlag

Inhalt

Vorwort

*G*erade in der heutigen Zeit mag es überflüssig erscheinen, Richtlinien über den Weg zum Erfolg herauszugeben, da letzterer doch seit Jahren klar auf unseren rundlich gewordenen Händen liegt. Aber eben diese Entwicklung und der immer lauter werdende Ruf nach Abwechslung veranlaßten mich zur Ausarbeitung eines neuartigen, sowohl den Leser als das Thema erschöpfenden Ratgebers.

Das Geheimnis der vorliegenden Methode beruht auf ihrer Eigenschaft, keineswegs mit Sicherheit zum Erfolg zu führen. Durch den Reiz des Ungewissen und die Möglichkeit dauerhafter Fehlschläge wird mein System allen Anforderungen modernen Lebensstils gerecht. Es unterscheidet sich daher grundlegend von Veröffentlichungen ähnlicher Art, die den Erfolg in blinder Einfalt garantieren.

Die ungewöhnliche Vielfalt der behandelten Fragen ergibt sich aus der Tatsache, daß mein Lehrgang ursprünglich achtzehn Bände umfaßte (200 000 Auflage, Halbleder, vergriffen) und ich ihn auf vielfältigen Wunsch in das vorliegende Format konzentrierte. Es hatte sich herausgestellt, daß die Anhänger meiner Methode ihre Wohnungen ohne das Werk nicht mehr verließen, jedoch das ständige Mitführen der achtzehn Bände als unbequem und den Erfolg gefährdend empfanden.

Wie schon bei der Veröffentlichung vom »Guten Ton« bin ich der Illustrierten Quick zu Dank verpflichtet, sowie meinem Verleger und so weiter.

München, im Sommer 1958

KAPITEL

VON MENSCH ZU MENSCH

Im Büro

Nur Herren mit großzügigen Anlagen haben Aussicht auf leitende Posten. Noch ist der Kassierer (links) in untergeordneter Position, doch schon mischt sich im Gesicht des Geschäftsinhabers Erstaunen mit Bewunderung.

Kein sozial denkender Vorgesetzter wird
Ihnen ein Sonnenbad während der Bürozeit
versagen, jedoch müssen Sie Anlässe zu be-
rechtigter Kritik vermeiden. Darum: *Keine
Sonnenöl-Flecke auf wichtige Akten!*

Neben Bestrafungen sind auch sparsam dosierte Aufmerksamkeiten geeignet, nachlassende Angestellte in kultivierter Weise wieder auf die gewünschte Hochleistung zu bringen. Es empfehlen sich Würfelzucker, Kaugummi und Salzstangen.

Als weiblicher Vorgesetzter dürfen Sie mit Ihren Angestellten nach Belieben verfahren, jedoch ist gegenüber männlichen Untergebenen Zurückhaltung geboten. Bei hübschen Sekretären sind Zudringlichkeiten zwar verständlich, aber trotzdem unerlaubt. Es sei denn, Sie können nicht anders.

FALSCH

RICHTIG

Kein fortschrittlicher Vorgesetzter wird sich
der Notwendigkeit verschließen, seine Angestellten monatlich in angemessener Weise zu
entlohnen. Leider hat die Unsitte um sich
gegriffen, hierfür bares Geld zu verwenden.
Ein Chef, der über Geschmack und Phantasie
verfügt, weiß, welche Freude er an jedem
Ersten mit liebevoll ausgewählten Gaben
bereiten kann.

Überbeanspruchte Intellektuelle und geistig Schaffende (1) können durch systematische körperliche Arbeit (2) schon nach kurzer Zeit zu gedrungener Urtümlichkeit zurückfinden (3).

Geschäftlich

Für Vertreter von Buchgemeinschaften und anderen Industrie-Unternehmen ist menschlicher Kontakt die Wiege des Erfolges. Jedoch sind nur einsatzfreudige Naturen den Anforderungen der ambulanten Verkaufstätigkeit auf die Dauer gewachsen.

Wichtig für den Verkaufserfolg ist das Angebot im richtigen Moment. Der abgebildete Textilkaufmann hat durch ein eigenes taktvolles System seine Artikel zu einem Verkaufsschlager gemacht.

Der Einkauf von Lebensmitteln berechtigt zur unentgeltlichen Prüfung derselben, jedoch ist von einer vollständigen Sättigung im Laden abzuraten. Die Bezahlung erfolgt umgehend, wenn sich nach dem Genuß des Eingekauften innerhalb von 24 Stunden keine ernsten Folgen eingestellt haben. Unschicklich ist das Mitbringen von Hunden, welche die Waren betasten.

FALSCH   RICHTIG

Die Verabreichung wohlschmeckender Kost-
proben in Delikatessen-Geschäften muß sach-
gemäß gehandhabt werden, wenn sie den
Widerwillen des Käufers wirksam bekämpfen
soll.

RICHTIG

Plötzliche Regenfälle können zum Betreten
einer Buchhandlung zwingen. Meistern Sie
Ihre Unsicherheit in der ungewohnten Umgebung. Beim Blättern in Büchern Hand-
schuhe und Fäustlinge (auch nasse) anbehalten,
um Verschmutzung der teils wertvollen Werke
durch die bloße Hand zu vermeiden. Das
Herausreißen einzelner Seiten verrät geistige
Regsamkeit. Merke: *Nicht auf die Bücher
spucken.*

Gattenwahl

Herren, die sich zu binden wünschen, mögen
das Naturell der begehrten Damen beachten.
Während in vielen Fällen kluge Unterordnung
das Eis bricht (I), führt andererseits oft sicheres
Auftreten zum Erfolg (II).

Ein Griff in die Menge mit verdeckten Augen löst die Frage des Ehepartners auf ebenso reizvolle wie originelle Weise. Merke: *Es kommt bei Herren nicht so sehr auf das Äußere an!*

Wenn Sie in geselligem Kreise den Herrn Ihrer
Wahl entdeckt zu haben glauben, sollten Sie
ihm möglichst umgehend das Vorgefühl häus-
licher Geborgenheit vermitteln.

Durch leichte kosmetische Gesichtskorrek-
turen lassen sich schlummernde Reize voll zur
Entfaltung bringen (I). Häufiges Vorlesen ver-
mittelt Einblick in geistige Interessen,
wodurch man ebenso gebildet wie begehrens-
wert erscheint (II).

In der Ehe

Falls sich der Gatte nicht zum Ankauf des ersehnten Modellkleides entschließen sollte, verhilft der Trick mit der Ladentür jeder Dame schnell zum erwünschten Erfolg.

Der aufmerksame Gatte führt seinen engsten Mitarbeiter aus dem Büro in das Privatleben ein und erfüllt damit seiner Gattin einen lang gehegten Wunsch.

Andererseits kann sich die einfühlsame Gattin auch den Gewohnheiten ihres Mannes anpassen. Merke: *Geteilte Freude ist doppelte Freude.*

Nichtraucher in drei Minuten wird Ihr Gatte durch die Zigarettenspitze »Matador« (Pfeil). In hartnäckigen Fällen mit Dynamit-Einlage (gegen geringen Aufpreis) in allen Fachgeschäften erhältlich.

Moderne Behaglichkeit ist kein leeres Wort mehr, seit das »Trauma-Raumspar-Bett« seinen Siegeszug durch die Schlafzimmer der Welt angetreten hat.

Wie man Freunde gewinnt

Der freundschaftliche Klaps auf die Schulter
verschafft Ihnen bei Herren (A) und in abge-
wandelter Form auch bei Damen (B) jenes Maß
an Sympathie, das häufig zu langwierigen
Freundschaften führt.

Die gemeinsame Geschmacksrichtung schafft oft eine starke Bindung. Diese Tatsache läßt gerade auf modischem Gebiet manche Damen zu unzertrennlichen Freundinnen werden. Ein Versuch wird Sie überzeugen.

Die Eisenbahnbekanntschaft (A) mit jungen
Ehepaaren entwickelt sich bald zur erwünsch-
ten Freundschaft, wenn man auch im weiteren
Verlauf der Reise (B) nicht mit deutlichen
Zeichen liebevoller Anhänglichkeit spart.

Wem es gelingt, die Liebe der Haustiere zu gewinnen, darf der bedingungslosen Zuneigung der Gastgeber gewiß sein.

Weiße Mäuse, die sich in großer Zahl frei im Zimmer aufhalten, sind kein sicheres Zeichen dafür, daß Sie sich im Hause eines Tierfreundes befinden. Gespräche darüber vermeiden und rasch nach Hause gehen!

Umgang mit Kindern

A
4 MONATE

B
8 JAHRE

C
17 JAHRE

Kinder haben Anspruch darauf, ausreichend geküßt zu werden. Es ist jedoch streng zu beachten, wann diese Aufmerksamkeit gegenüber anderer Leute Kindern erfolgversprechend ist und welche Stellen hierfür in Frage kommen. A. Ganztägig, überall hin. B. Bei Begrüßung und Abschied, auf die Stirn. C. wie A.

Wer Verständnis für die Interessen der Kinder zeigt, hat auch die Herzen der Eltern gewonnen. Mit häufigen Einladungen ist zu rechnen.

Bei Handwerkern

A

B

Wer Handwerker bei jeder Kleinigkeit ins
Haus bemüht, verkennt eigennützig die
ernsten Aufgaben dieses Berufszweiges und
mißachtet das Allgemeinwohl (A). Wenn der
Schaden unerträglich zu werden droht, kann
man stets mit freudiger Hilfsbereitschaft
rechnen (B).

Die Frühstückspause ist das Rückgrat des Handwerks. Sparen Sie nicht am falschen Platz. Kleine Einlagen zur Unterhaltung beleben die Arbeitsfreude und verleihen den weiblichen Angehörigen der Familie das Gefühl der Nützlichkeit. Merke: *Handwerker sind Männer!*

Im Verkehr

Durch barsches Wesen verscherzen sich Polizisten oft den zunächst guten Eindruck. Feinfühlige Kollegen erreichen dagegen schnell den angestrebten erzieherischen Erfolg.

Auch perfekten Automobilisten entkommen gelegentlich noch einzelne Fußgänger. Oben finden Sie ein neuartiges System, dem selbst flinke Straßenpassanten auf die Dauer nicht gewachsen sind.

Der Anzug

Erst durch das Tragen von Uniformen macht
das Militär jene kriegerischen Auseinander-
setzungen möglich, die man gemeinhin als
»Niederlagen« bezeichnet. Luftige Kleidung
mit persönlicher Note zerstreut dagegen die
Bedenken des argwöhnischen Feindes und verhilft zu schönen Überraschungserfolgen.

Herren, die unter gesellschaftlicher Bedeu-
tungslosigkeit leiden, brauchen sich nur als
Arzt kenntlich zu machen. Alle Herzen
werden ihnen zufliegen.

FALSCH

RICHTIG

Polizei-Angehörige, die privaten Dingen nachgehen, sollten in ihrer Kleidung andeuten, daß sie sich außer Dienst befinden. Merke: *Damen machen feine Unterschiede.*

In Konzert und Theater

Das flegelhafte Drängen durch besetzte Reihen läßt mangelhafte Kinderstube und Unkenntnis in technischen Dingen vermuten. Durch leichtes Anheben der Klappsitze werden Sie ohne die üblichen Belästigungen rasch Ihren Platz erreichen.

FALSCH RICHTIG

Niemand kann Ihnen eine Mahlzeit während
der Vorstellung verwehren. Das Auswickeln
von Broten und Süßwaren verursacht stören-
des Knistern. Warme Tellergerichte dagegen
sind geräuscharm einzunehmen und außerdem
bekömmlicher.

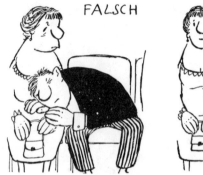 

FALSCH   RICHTIG

Auch im Konzertsaal brauchen Sie nicht auf
Entspannung zu verzichten. Während das Verhalten des linken Herrn anstößig wirken
könnte, schläft der Herr rechts in vornehmer
Distanz.

Bei Sport und Spiel

Für eine ehrgeizige Mannschaft bildet der gegnerische Torwart oft ein ernstes Hindernis. Nach Ausschaltung desselben (A) läßt sich dagegen das Leder (B) mühelos einschieben.

Am eigenen Tor (Pfeil) genügen oft nur geringfügige Korrekturen, um mit größter Wahrscheinlichkeit zu erreichen, daß der Gegner auch nicht ein einziges Tor erzielt.

Nur in verzweifelten Fällen greift ein fairer Fußballer zur Sabotage am feindlichen Beinkleid. Diese Methode ist zwar sicher, doch umstritten.

Bei einer Fahrt auf der Achterbahn empfiehlt
sich würdige, dunkle Kleidung. Es liegt in der
Natur dieses Vergnügungsmittels, daß durch
undiszipliniertes Verhalten der Fahrgäste
gelegentlich Trauerfälle auftreten, denen man
nicht unvorbereitet gegenüberstehen will.

Bei Kraftproben hält man sich präzise an die Spielregeln. Versehentliche Abweichungen sind nur entschuldbar, wenn es sich um politisch Andersdenkende handelt.

Im All

Bei Spazierflügen in die nähere Umgebung von
Weltraumstationen kann durch die vorherr-
schende Schwerelosigkeit Unklarheit über das
Oben und Unten entstehen. In Zweifelsfällen
bestimmt die Lage der ältesten Dame, wo
unten ist (Pfeil).

Bei katastrophaler Unterbrechung der Weltraumreise hat ein Kavalier Gelegenheit, sein Format zu beweisen. Merke: *Keine Dame möchte einen Flug von mehreren Millionen Lichtjahren ohne männliche Begleitung antreten.*

KAPITEL II

PERSÖNLICH

So wird man Filmstar

Das Autogramm ist die Seele des Filmge-
schäfts. Beginnen Sie daher rechtzeitig mit
einer möglichst lückenlosen Verteilung Ihres
Vor- und Zunamens unter der Bevölkerung.
(Rufnamen unterstreichen.)

Während der Herr (links) das Erfolgsgeheimnis des Films offensichtlich mißverstanden hat, kam die Dame (rechts) in der erwünschten Titelrolle schnell vor die Kamera. Sie hat die Herstellungskosten des Filmes selbst bestritten. (Schon für DM 450000.— kann man hübsche Sachen drehen.)

Auch I h r Gesicht ist filmisch verwertbar, falls
es Ihnen gelingt, einen Ausdruck in dasselbe
hineinzulegen (A). Sodann dürfen Sie es nie
mehr verändern (Beispiele B u. C), und bald
sind Sie ein fester Begriff für das verwöhnteste
Publikum.

Wenn Sie als Dame einem Filmproduzenten
begegnen, seien Sie recht nett zu ihm. Er ist
dankbar für ein bißchen Sonnenschein.

Wie werde ich energisch

Das Zeitalter der steigenden Verkehrsdichte bedroht die Entfaltung Ihrer Persönlichkeit. Beweisen Sie durch eigenwillige Wahl der Fahrbahn Ihre Unabhängigkeit auf dem Weg zum Erfolg.

Wertvolle Menschen gehören an die Spitze.
Überwinden Sie Beklommenheit und Angst
vor der Masse (A). Gelegentlich kränkende
Zurücksetzungen (B) sollten Sie nicht mutlos
in Ihrem Streben machen. Merke: *Viel Feind –
viel Ehr!*

Halten Sie stets am geplanten Vorhaben fest,
auch wenn Sie einmal die passende Zeit ver-
säumt haben sollten. Kühne Beharrlichkeit
verschafft Ihnen den Ruf zielstrebiger Energie.

Erfrischungen

Die verbreitete Unsitte, an Speise-Eis zu
lecken, veranlaßt uns, drei Möglichkeiten zu
empfehlen, die von Kennern feiner Lebensart
für den diskreten Eisgenuß entwickelt wurden:
A. Das wollen wir nicht mehr sehen!
B. Schirmendes Vorhalten der freien Hand
   erlaubt beliebige Genußform.
C. Das Einführen des Gefrorenen bei un-
   empfindlichen Zähnen.
D. Dasselbe – bei empfindlichem Gebiß.

Die Dame von heute reinigt ihre Bettfedern
selbst. Handwarm durchspülen und dann
luftig und möglichst einzeln auf die Leine. Das
macht sie so bettfrisch!

Sträuben Sie sich nach starkem Alkoholgenuß nicht gegen einen Ausflug ins Freie! Man sieht die Welt dann plötzlich mit ganz anderen Augen.

Wege zur Schönheit

Wer sich dem alten Irrglauben »Schlaf macht
schön« anschließt, beweist damit, daß er nie-
mals jemanden aufstehen sah.

Kluge Frauen werden schön durch die Haare.
Auch Ihr Friseur hält für Sie eine Fülle kleid-
samer Frisuren bereit, um Sie dem modernen
Schönheitsideal anzupassen.

ABENDS

MORGENS

VORHER

NACHHER

VORHER

NACHHER

VORHER

NACHHER

Verblüffende Erfolge bei Sommersprossen und anderen lästigen Hautunreinheiten erzielen Sie durch »Sprenklosan« (mit der Tiefenwirkung!).

Das neue Reiseziel

Die Urlaubsreise ist der Wertmesser des beruflichen Erfolges. Die Tatsache, daß Italien infolge durchorganisierter Wochenendausflüge jedem Deutschen bereits zur zweiten Heimat geworden ist, veranlaßt mich, Ihnen neue Vorschläge zu machen.

Ganz zu Unrecht wurden die Dschungelgebiete im indonesischen Archipel bisher nur von wenigen Urlaubern besucht. In üppiger Vegetation erwartet Sie dort das große Abenteuer bei günstiger Wetterlage.

Auch eine Reise nach Nordafrika beweist, daß
Sie sich etwas leisten können. Wer die Stille
liebt, findet dort in allerfeinstem Spielsand viel-
fältige   Möglichkeiten   zu   ausgedehnten
Spaziergängen (bis zu 9376 km Länge).

Stunden echter Entspannung mit dem prik-
kelnden Reiz des Sensationellen verschafft Ihnen ein Aufenthalt auf dem Bikini-Atoll, einem
Paradies im Pazifischen Ozean. Kleine Un-
gelegenheiten werden nach Ihrer eventuellen
Rückkehr durch den Erfolg der Reiseschil-
derungen bei weitem aufgewogen.

Da Sie auch auf Campingplätzen zum Ein-
nehmen einer warmen Mahlzeit berechtigt
sind, wird jeder Förster für kleine Mißge-
schicke Verständnis haben, die oft unvermeid-
lich sind. Bei schwerwiegenden Vorfällen
empfiehlt es sich, dem Hüter des Waldes eine
Aufmerksamkeit   zukommen   zu   lassen
(Blumen, Konfekt).

Mit der Entfernung des Reiseziels wächst das Staunen Ihres Bekanntenkreises. Oben das Ehepaar Gerhard und Irmgard Sch. bei der Abreise aus Hannover (A) und nach der Ankunft in einer Stadt im mittleren Westen der Vereinigten Staaten (B). Die ungewohnte Umgebung wird Ihnen guttun.

Für Kleinwagen-Besitzer

Fehlerhaftes Einsteigen (Abb. 1 bis 3) wirkt leicht anstößig und schmälert die Freude am neuen Automobil. Geübte Besitzer von Mikrowagen machen sich ganz klein und setzen sich in müheloser Eleganz hinter das Steuer (Abb. 4).

Trotz geringer Ausmaße dieser preisgünstigen
Fahrzeuge ist eine gepflegte Unterhaltung
zwischen Fahrer und Fußgänger möglich. Sie
verlangt jedoch ein ausgeprägtes Gefühl für
gesellschaftliche Formen.
A. Falsch, die Dame muß sitzenbleiben.
B. Auch falsch, die Dame muß stehenbleiben.

Übertriebene Höflichkeit ist eine der lästigsten Erscheinungen im deutschen Straßenverkehr. Damen, die sich bereits in Fahrt befinden, wollen nur auf eigenen, ausdrücklichen Wunsch über schlechte Wegstrecken getragen werden.

A

B

Eigentümer besonders kleiner Kleinwagen
können diese beim Besuch von Theatern, Gast-
stätten u.dgl. mit den Rädern zur Wand in die
Garderobe hängen. Bei längerem Aufenthalt
Motor abstellen!

Das fahrlässige Abstellen von Kleinwagen in
dunklen Torwegen bildet besonders für ältere
Leute eine ernste Gefahr (A). Eventuelle Miß-
fallenskundgebungen können für das Fahrzeug
bedauerliche Folgen haben (B).

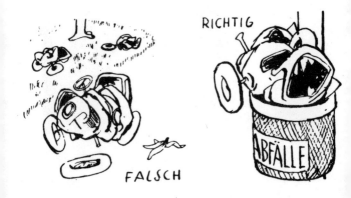

RICHTIG

FALSCH

Das häßliche Herumliegenlassen unbrauch-
barer Kleinstfahrzeuge und das achtlose
Wegwerfen derselben auf der Straße oder in
öffentlichen Anlagen kann unter kultivierten
Menschen nicht länger geduldet werden.

Auch Sie können einen Kleinwagen erwerben und durch reichliches Mitnehmen von Passagieren die Straßen vom Fußgängerunwesen befreien helfen.

Auf der Jagd

RICHTIG

FALSCH

Versehentliches Erlegen von Forstbeamten
durch Neulinge des Weidwerks gehört zu den
Schnitzern, die zwar nicht gern gesehen, doch
entschuldbar sind. Während der Herr rechts im
Besitz eines gültigen Jagdscheines ist, hat der
Herr links durch das Fehlen desselben mit
großen Unannehmlichkeiten zu rechnen.

Herren, die nicht genau wissen, worauf es bei
der Jagd ankommt, sollten ihre Teilnahme
absagen, auch wenn sie nachweislich große
Erfolge haben.

Aus Afrika stammt die Unsitte, sich nach der Jagd in einer für das Opfer entwürdigenden Weise fotografieren zu lassen (oben). Vorbildlich verhält sich die unten abgebildete Jagdgesellschaft. Das Foto mit der gemeinsam erlegten Schnepfe (Pfeil) ist ebenso beeindruckend wie taktvoll.

FALSCH

RICHTIG

Ganz kleine Tiere jagt der Weidmann von Welt nur im vertrauten Bekanntenkreis oder in völliger Abgeschiedenheit.

Schädlingsbekämpfung

Seit Jahren wurde Fräulein Carla Z. bei Tisch von Ameisen belästigt (A). Dann folgte sie meinem Rat und verzichtete zugunsten der Tiere auf ihre Lieblingsgerichte (Stangenspargel mit Schinken usw.). Sie selbst beschränkt sich nun auf Speisen, die Ameisen verabscheuen. Zum Beispiel Schmierseife und Terpentinöl (B).

VORHER NACHHER

Endlich *fliegenfrei* auch Ihr Heim durch
»Frauentrost-Passiv-Pulver«. Nach regel-
mäßiger Anwendung sind die kleinen Stören-
friede kaum wiederzuerkennen und selbst von
ungeübter Hand mühelos zu fangen.

Herr Willi L. (34) litt auf seiner Plantage in
Ostafrika heftig unter Heuschrecken (links).
Ich empfahl eine Luftveränderung, und schon
bei seinem ersten Aufenthalt in Tegernsee
waren die Tiere wie weggeblasen (rechts).

Sachregister

Wenn Sie das vorliegende Buch ungern
gelesen haben, werden Ihnen diese auch
nicht so recht gefallen.

Bibliothek für Lebenskünstler
im Diogenes Verlag

Loriots Werke
im Diogenes Verlag

Loriots Großer Ratgeber
500 Abbildungen und erläuternde Texte geben Auskunft über alle Wechselfälle des Lebens. Leinen

Loriots Heile Welt
Neue gesammelte Texte und Zeichnungen zu brennenden Fragen der Zeit. Leinen

Loriots Großes Tagebuch
Intime Betrachtungen über wichtige Persönlichkeiten unserer Zeit, ergänzt durch Kommentare zum alltäglichen Leben des kleinen Mannes. Leinen

Loriots Dramatische Werke
Texte und Bilder aus sämtlichen Fernsehsendungen von Loriot. Leinen

Möpse und Menschen
Eine Art Biographie. Leinen

Ödipussi
Drehbuch mit zahlreichen, meist farbigen Fotos. Leinen

Loriots Kleine Prosa
Mit vielen Zeichnungen des Verfassers detebe 20013

Loriots Tagebuch
Zeitgeschehen von Meisterhand detebe 20114

Loriots Kleiner Ratgeber
Korrektes Verhalten in allen Lebenslagen detebe 20161

Loriots Kommentare
zu Politik, Wirtschaft, Kultur und Sport detebe 20544

Herzliche Glückwünsche
Ein umweltfreundliches Erzeugnis Bibliothek für Lebenskünstler Auch als detebe 20943

Der gute Ton
Das Handbuch feiner Lebensart Diogenes Evergreens Auch als detebe 20934

Für den Fall . . .
Der neuzeitliche Helfer in schwierigen Lebenslagen. Diogenes Evergreens Auch als detebe 20937

Der Weg zum Erfolg
Ein erschöpfender Ratgeber Diogenes Evergreens. Auch als detebe 20935

Auf den Hund gekommen
44 lieblose Zeichnungen mit einem Geleitwort von Wolfgang Hildesheimer. Bibliothek für Lebenskünstler Auch als detebe 20944

Umgang mit Tieren
Das einzige Nachschlagewerk seiner Art Bibliothek für Lebenskünstler Auch als detebe 20938

Wahre Geschichten
erlogen vom Verfasser. Bibliothek für Lebenskünstler. Auch als detebe 20936

Der gute Geschmack
Erlesene Rezepte für Küche und Karriere Bibliothek für Lebenskünstler Auch als detebe 20940

Nimm's leicht!
Eine ebenso ernsthafte wie nützliche Betrachtung. Diogenes Evergreens Auch als detebe 20939